Workbook

DER ZAUBER DER 12 RAUHNÄCHTE

Das Workbook
für deine magische Reise
zu dir selbst!

1. Auflage 2023

„Die Rauhnächte sind wie ein
stiller Tanz der Seele mit dem Universum.
Ein Zeitraum, in dem es uns möglich ist,
tief in uns hineinzuhören und dem
leisen Flüstern des Lebens zu lauschen.
Sie lehren uns, dass in der Stille
die größten Wahrheiten und die
tiefsten Wunder verborgen liegen."

**„Die schönere Welt,
die unser Herz bereits kennt,
ist möglich!"**

(Charles Eisenstein)

Die Rauhnächte

Willkommen in der mystischen Welt der Rauhnächte!

Du stehst am Beginn einer **außergewöhnlichen Reise** durch eine magische Zeit. Ob du schon mit den Rauhnächten vertraut bist oder sie zum ersten Mal entdeckst – gemeinsam begeben wir uns auf ein Abenteuer, um die Geheimnisse dieser besonderen Tage zu ergründen. In diesen Tagen und Nächten werden die Schleier zwischen den Welten durchlässiger und wir können eine tiefere Verbindung zum Universum, zu unseren Ahnen und zu uns selbst spüren.

In diesem **Workbook** begleite ich dich auf deinem Weg durch diese mystische Zeit. Gemeinsam werden wir innehalten, reflektieren und uns bewusst auf das neue Jahr einstimmen.

Du wirst lernen, Altes hinter dir zu lassen und dich neuen, aufregenden Möglichkeiten zu öffnen. Ich lade dich ein zu einer Reise des Herzens, die dich tiefgreifend verändern wird – eine Reise zu dir selbst, zu deinen tiefsten Träumen und Visionen. Eine Reise, die dich wieder stärker mit deinem wahren Selbst verbindet.

Mache dich bereit, in die Stille einzutauchen und der Stimme deines Herzens zu lauschen. Lass uns die Magie der Rauhnächte gemeinsam erleben und das neue Jahr mit Klarheit, Freude und voller Hoffnung begrüßen.

Bist du bereit,
dich auf diese transformative Reise
zu begeben?

Tauche ein in eine wunderbare Zeit!

Vielleicht hast du bereits von den Rauhnächten gehört, weißt aber bislang nicht, welche Bedeutung sie haben.

Von welcher Periode sprechen wir überhaupt?

Es sind die Nächte **zwischen Weihnachten (25. Dezember) und dem Fest der Heiligen Drei Könige (6. Januar)**, die gemeinhin als 12 Heilige Nächte bezeichnet werden – wobei sich der Name je nach Region unterscheidet: Raunächte, Glöckelnächte, Innernächte oder Unternächte.

Auch die Anzahl der Nächte ist regional unterschiedlich und reicht von drei bis zwölf Nächten. In manchen Regionen wird auch die Thomasnacht (21. Dezember) zu den Rauhnächten gezählt.

Woher der Name kommt:

Die Etymologie des Namens ist bis heute nicht vollständig geklärt: Eine mögliche Ableitung ist die Abstammung von dem mittelhochdeutschen Wort **»rûch«** (neuhochdeutsch: haarig). Es soll sich auf den Pelz der Dämonen bezogen haben, die in diesen besonderen Nächten in unsere Welt kommen und ihr Unwesen treiben.

Eine weitere etymologische Erklärung ist, dass es sich vom Wort **»Rauch«** bzw. **»Räuchern«** ableitet – womit sich auch der jahrhundertealte Brauch des Räucherns erklären lässt. Das Räuchern dient dazu, die Geister und Dämonen zu vertreiben.

◉ Warum genau diese zwölf Nächte?
◉ Was macht sie besonders und zu einer magischen Zeit?

Die Rauhnächte sind eine mystische, geheimnisumwitterte Zeit.

Es sind Tage und Nächte jenseits des „normalen Alltags".

Ein Zeitfenster, in dem wir **zur Ruhe kommen** und loslassen können. Wenn wir uns in diesen Tagen und Nächten, Zeit und Muße nehmen, uns wieder mit uns selbst zu verbinden, haben wir die Möglichkeit, unser wahres Selbst zu entdecken.

Dieses Arbeitsbuch soll dir genau das ermöglichen: Es soll dir die Möglichkeit geben, zur Ruhe zu kommen, dich wieder mit deiner eigenen Kraft zu verbinden und anhand von Fragen und Ritualen über dein Jahr zu reflektieren. Es soll dir ermöglichen, ein „Rendezvous" mit dir selbst zu haben und dich auf die Dankbarkeit und Fülle in deinem Leben zu konzentrieren.

Jetzt ist die Zeit gekommen, alte Dinge, die dich belasten loszulassen. Es ist Zeit für einen **Neuanfang**. Du wirst dich jeden Tag darin üben, dein neues Jahr bewusst zu visualisieren und so deinen Träumen und Vorstellungen helfen, sich zu manifestieren. Lausche in dich hinein und nimm den leisen Flüsterton deiner Seele wahr. Was sie dir zuflüstert, trägt den besonderen Zauber dieser Nächte in sich.

Frei nach Hermann Hesse gilt es, jede Phase des Lebens anzunehmen - wie eine Blüte, die erblüht, wieder vergeht und Platz für Neues schafft. So wie die Jugend dem Alter weicht, so erblühen Weisheit und Tugend in ihrem eigenen Rhythmus. Öffne dein Herz für diesen ewigen Kreislauf. Löse dich vom Alten und schreite mutig dem Neuen, Unbekannten entgegen.

Führe ein Traumtagebuch

Meine Empfehlung

Während der Rauhnächte öffnen sich die Tore zu einer anderen Welt. Eine besondere Bedeutung kommt in dieser Zeit deinen Träumen zu.

Daher empfehle ich dir ein Traumtagebuch zu führen, das dir hilft, deine **nächtlichen Abenteuer zu entschlüsseln** und den Hauptmotiven deines Lebens auf die Spur zu kommen.

Der italienische Meisterregisseur Frederico Fellini hatte immer ein Traumtagebuch neben seinem Bett, in das er jeden Morgen seine nächtlichen Erlebnisse notierte. Für ihn waren Träume magische Schlüssel, die uns helfen, die Geheimnisse des Lebens zu ergründen. Es sind geheimnisvolle Botschaften, die uns aus einer anderen Welt erreichen und uns etwas mitteilen - wenn wir bereit sind, diese zu empfangen.

Unsere Träume sind so individuell wie wir selbst. Bei ihrer Deutung kommt es weniger auf einzelne Details und Symbole an, sondern es geht darum, die grundlegenden Muster und Themen deines Lebens zu erkennen.

Ein **Traumtagebuch** hilft dir, diese wiederkehrenden Muster zu erkennen und dich mit deinem kreativen Potenzial zu verbinden.

Und so geht's:

01 Lege dir ein **Notizbuch** neben das Bett.

02 Schreibe dir sofort **nach dem Aufwachen** deine Träume auf.

03 Wenn du **in der Nacht aufwachst** und dich an einen Traum erinnerst, solltest du ihn sofort aufschreiben.

04 Schreibe in der **Ich-Form** und notiere dir auch deine Gefühle.

05 Am Ende der Rauhnächte lies dir deine Notizen durch und fasse die **Grundthemen** und **Motive** zusammen.

Checkliste

Wie du dich gut auf die Rauhnächte vorbereiten kannst.

Die Rauhnächte sind eine magische Zeit, in der wir das Alte loslassen und das **Neue willkommen heißen**. Um die besondere Magie dieser Nächte zu erfahren, ist es wichtig, dass du dich gut vorbereitest.

Finde einen stillen Ort:

Schaffe dir eine ruhige Oase, abseits deiner alltäglichen Verpflichtungen, um den Zauber der Rauhnächte in vollen Zügen zu genießen.

Dein Journal:

Halte dein Traumtagebuch immer griffbereit, damit du deine Träume sofort nach jeder Rauhnacht aufschreiben kannst.

Utensilien

Hast du alles, was du brauchst?
Sind deine Stifte angespitzt?

Zeit einplanen:

Achte darauf, dass du neben deinen Verpflichtungen auch Zeit für diese besondere Erfahrung hast.

Atmosphäre:

Umgib dich mit Dingen, die eine gute Atmosphäre unterstützen, wie duftendes Räucherwerk, ätherische Öle, sanfte Musik und eine Tasse deines Lieblingstees.

Die Magie der Ordnung

Meine Empfehlung

Die Rauhnächte sind ein idealer Zeitpunkt, um Ordnung in sein Leben zu bringen. Dies kann sowohl im Innen als auch im Außen geschehen. In unserem hektischen Alltag ist das Chaos in unseren Wohnungen häufig ein Spiegelbild unseres inneren Zustands.

Die **KonMari-Methode** von Marie Kondo, bekannt aus ihrer Netflix-Serie und ihren Bestsellern („Magic Cleaning"), lehrt uns, dass Aufräumen weit mehr ist, als eine lästige Pflicht – es ist ein Weg zu einem erfüllteren Leben. Stell dir vor, du bist umgeben von Dingen, die dir wirklich Freude bereiten. Jedes Objekt in deinem Zuhause ist eine Quelle des Glücks. Das ist die Essenz der KonMari-Methode.

Indem wir uns von allen Dingen trennen, die nicht „Freude entfachen", schaffen wir einen Raum, der uns dabei hilft, uns frei und unbeschwert zu fühlen. Wir befreien uns von Ballast, der uns nach unten drückt und hindert, unser volles Potenzial zu entfalten. Die sieben Schritte der KonMari-Methode sind einfach, aber effektiv:

1.) Sofort anfangen:

Beginne umgehend mit dem Aufräumen, statt es aufzuschieben.

2.) Reihenfolge einhalten:

Dinge aussortieren und entsorgen. Die verbleibenden Gegenstände einräumen. Behalte nur Dinge, die dir Freude in dein Leben bringen.

3.) Kategorien:

Räume nach Kategorien auf
z.B. Kleidung, Bücher, Papiere.
Starte mit der Kategorie,
die dir am leichtesten fällt.

4.) Einen Ort finden:

Sammle alle Gegenstände einer Kategorie an einem zentralen Ort.

5.) Freude entscheidet:

Behalte nur, was dir
wirklich Freude bereitet
(nach dem „Sparks joy"-Prinzip).

6.) Danken & Loslassen:

Bedanke dich bei jedem Gegenstand, den du wegräumst, für seine Rolle in deinem Leben.

7.) Neuer Raum:

Ordne deine Sachen,
um Platz zu sparen und
einen besseren Überblick
zu behalten.

Nimm dir dafür Zeit!

Dieser Prozess ist mehr als nur Ordnung schaffen und aufräumen – es ist eine **Übung in Achtsamkeit und Selbstreflexion**. Indem wir Ordnung in unsere physische Welt bringen, beginnen wir, auch in unserem Innenleben aufzuräumen.

Wir erkennen, was wirklich wichtig ist, und können uns von materiellen und immateriellen Dingen **trennen**, die nicht mehr zu uns passen. Ein aufgeräumtes Zuhause führt zu einem **klareren Geist** und einem befreiten Herzen.

Atemübungen

Übungs-
empfehlung

Während der Rauhnächte ist es besonders wichtig, dass du entspannst und zu dir kommst – in einem **entspannten Zustand** ist es möglich, dass du dich mehr mit deinem wahren Selbst verbindest. Der Atem ist das wichtigste Instrument, um sich zu beruhigen.

Daher empfehle ich dir, dass du während der Rauhnächte mindestens einmal pro Tag eine Atemübung machst, die deinen Ruhenerv (Parasympathikus) aktiviert und dir hilft, dich tief zu entspannen und loszulassen.

Und so geht es:

1

Lege dich dafür auf eine Matte, auf den Boden,
auf dein Sofa oder dein Bett.

2

Schließe die Augen und atme
langsam vier Sekunden ein und anschließend
langsam vier Sekunden aus.

3

Stelle dir einen Wecker und mache
diese Atemübung mindestens einmal pro Tag
für 5 – 10 Minuten. Je länger, desto besser.

Die Magie des Summens

Übungs-empfehlung

Eine weitere gute Übung, um dich mehr zu entspannen und loszulassen, ist **das Summen**. Dabei aktivierst du deinen Vagusnerv bzw. dein parasympathisches System und verbesserst deine Herzfrequenzvariabilität (HFV), ein wesentliches Merkmal von Gesundheit und Vitalität.

1

Position:

Setze dich aufrecht hin.

2

Tiefes Einatmen:

Atme tief ein.

3

Ohren verschließen:

Verschließe mit deinen Fingern sanft die Ohren.

4

Summen:

Atme langsam aus und erzeuge einen ruhigen, gleichmäßigen Summton. Versuche, solange zu summen wie möglich.

Alternativ: „Om"

5

Wiederholung:

Wiederhole diese Übung mehrmals (ca. 10 Minuten). Du wirst bald eine tiefe innere Ruhe spüren.

Die **verlängerte Ausatmung** aktiviert den Parasympathikus, was zu innerer Ruhe und Entspannung führt.

Nutze diese Technik regelmäßig, um deinen Vagusnerv zu stimulieren und dein Ruhe- und Entspannungssystem zu aktivieren.

Was du nicht tun solltest:

Wäsche waschen und im Außenbereich aufhängen
(Umherziehende Dämonen könnten sich darin verfangen.)

Streiten und mit den Türen schlagen
(Es sollte eine ruhige und besinnliche Zeit sein.)

Nach dem Räuchern das Haus verlassen

Begleiter aus der Natur:

Die **Kraftbäume** für diese besondere Zeit sind die Tanne und die Fichte, die nun mit ihrem Duft und ihrer grünen Farbenpracht unsere Räume erfüllen.

Der **Bergkristall** ist der Kraftstein dieser Zeit, dessen klare Struktur an gefrorenes Wasser erinnert. Einst war man überzeugt, Bergkristalle seien zu Stein gewordenes Eis. Der Bergkristall steht für Durchblick, festigt unsere Ansichten, schärft Gedächtnis und Sinneswahrnehmungen und harmonisiert unseren Energiehaushalt.

Als **Krafttiere** dienen jene, die sich in das weiße Winterkleid hüllen, wenn die weiße Frau ihren Mantel über das Land breitet – vor allem die Schnee-Eule und der Schneehase. Die Eule mit ihrem scharfen Blick symbolisiert tiefe Einsicht, der Hase mit seiner Stille das Bewahren von Geheimnissen und die Kunst der Diskretion.

„Wandeln wir in der
Tiefe der Nacht, kommt,
Visionen, erwacht,
Träume, geboren aus
eigener Macht,
wir weben unsere Welt
heute Nacht!“

(Schwitzerhüttenlied)

Die Jul-Nacht

Befreie dich von alten Nöten
und Belastungen.

21. Dezember

Reinigen • Loslassen • Klarheit

Die **Wintersonnenwende**, oder **Jul-Nacht**, also die Nacht des 21. Dezembers, ist die längste Nacht des Jahres. Das in früheren Tagen zelebrierte Lichterfest wurde „Alban Arthuan" genannt, was „das Licht des Arthurs" bedeutet. Das Licht stirbt in dieser Zeit und wird in der „Mutternacht", der Wintersonnenwende wiedergeboren.

Es ist ein spiritueller Moment des Umschwungs – das Licht bricht sich Bahn, ein neuer Jahreszyklus beginnt, gemeinsam mit der Zeit der Rauhnächte. Das Licht steht dabei zugleich metaphorisch für unser inneres Licht, die Flamme, die in jedem von uns lodert. In der Nacht mit der längsten Dunkelheit kommt ihm eine besondere Bedeutung zu. Erinnere dich heute daran, dass du Träger dieses Lichts bist.

**Erkenne dein Licht
und trage es stolz in die Welt!**

Deine Reflexionen für die Jul-Nacht:

1

Was waren meine **Höhe- und Tiefpunkte** in diesem Jahr?

2

Welche **Lektionen** habe ich heuer gelernt?

3

Welche **Altlasten** und **negativen Energien** möchte ich abwerfen, bevor das Jahr endet?

4

Welche **Segnungen** aus diesem Jahr möchte
ich ins kommende Jahr mitnehmen?

5

Welche Ankündigungen des **Neuen** habe
ich vernommen?

6

Was **erhoffe** ich mir vom neuen Jahr?

Raum für Notizen:

Checkliste „Loslassen“

Hier ist eine Liste, die dir helfen soll, dich von **Altlasten** zu befreien. Es geht nicht darum, dass du alles an einem Tag erledigst. Versuche dir einen Zeitrahmen zu setzen, in dem du alles schaffst – das kann etwa das Ende der Rauhnächte sein.

01 Nimm dir einen Moment Zeit, um über deine **Sorgen und Gedanken** nachzudenken und schreibe sie auf. ☐

02 **Durchforste** dein E-Mail-Postfach, melde dich von unnötigen Newslettern ab und lösche alte E-Mails. ☐

03 **Lösche** ungenutzte Kontakte und Fotos von deinem Handy, die du nicht mehr brauchst. ☐

04 **Kündige** Abos, die du zwar bezahlst, aber nie benutzt (z.B. Fitnessstudio). ☐

Nimm dir Zeit dafür!

Rituale für die Jul-Nacht

1 Räuchern und Reinigen

Da diese Nacht im **Zeichen des Loslassens und Reinigens** steht, solltest du heute deinen Wohnbereich räuchern. Vergewissere dich, dass dein Wohnbereich dafür aufgeräumt ist.

Das Räuchern ist ein alter Brauch, eine Art der energetischen, feinstofflichen Reinigung. Mithilfe des Räucherns werden negative Energien aus unseren Wohnräumen vertrieben und in positive Energien umgewandelt.

Nicht ohne Grund werden diese Nächte als Rau(c)hnächte bezeichnet. Während dieser Zeit wird in unseren Breitengraden mehr geräuchert als zu jeder anderen Jahreszeit.

Was du benötigst:

Es gibt unzählige, **unterschiedliche Möglichkeiten**, zu räuchern.
Es gibt hierbei kein Richtig oder Falsch.

Hier sind zwei gängige Möglichkeiten:

Die klassische Methode

1. Mit einem feuerfesten **Räuchergefäß** (oft aus Metall oder Ton), mit Räuchersand, Kohlen und Kohlenzange.

Die sanftere Methode

2

Mit einem **Räucherstövchen** mit Sieb und einem **Teelicht** zum Erhitzen.

Alternativ: Aluminiumfolie, falls Harze wie Weihrauch verräuchert werden sollen, da das Sieb bei solchen Räucherwerken anschließend sehr schwierig zu reinigen ist.

Einfache Alternative: **Räucherstäbchen**

Wie oft sollte man räuchern?

Ursprünglich sieht das Brauchtum vor, dass man in jeder Rauhnacht räuchert. Es gibt dennoch auch andere Ansätze. Einige wählen bestimmte, klärende Tage aus, andere räuchern nur am ersten und am letzten Tag. **Entscheide intuitiv**, wie es sich für dich am besten anfühlt.

Räucherstoffe zur Reinigung:	Räucherstoffe zur Aufladung:
Salbei, Beifuß, Kampfer, Wacholder, Myrrhe, Lavendel, Rosmarin	Weihrauch, Engelwurz (Angelikawurzel), Styrax, Tonkabohne

(**Achtung:** Bitte keinen Kampfer in Haushalten mit Säuglingen und Kleinkindern verwenden.)

Das ist nur ein kleiner Auszug von **vielen möglichen Kräutern** und **Harzen**. Suche dir jene Pflanzen aus, zu denen es dich hinzieht, die dich vom Geruch anziehen und dir guttun. Alle Kräuter und Harze können einzeln oder in einer Mischung angewendet werden. Es ist nur wichtig, dass du **hochwertige und natürliche Zutaten** wählst.

Ablauf „Räuchern“

Vorbereitung auf das Räuchern:

Räume zuerst alle Räume **auf** und verstaue störende Gegenstände, schaffe eine reine Umgebung. Putzen ist die grobstoffliche, alltägliche Form der Reinigung, Räuchern die feinstoffliche Art.

1

Räuchergefäß befüllen:
Fülle etwas Sand in dein Räuchergefäß.

2

Räuchergefäß befüllen:
Lege die Räucherkohle auf den Sand und zünde diese an.
Warte einen Moment, bis die Kohle gleichmäßig glüht.

3

Räucherwerk:
Lege nun vorsichtig eine kleine Menge
des Räucherwerks auf die glühende Kohle.

Generelles: Bewege dich mit dem Räuchergefäß langsam durch den Raum, um den Rauch gut zu verteilen. Konzentriere dich dabei auch auf Ecken, da sich vor allem an diesen Stellen negative Energien sammeln.

1. Durchgang: Die Reinigung

Verwende im **ersten Durchgang** ein Räucherwerk mit einer reinigenden Wirkung.

Beispielmischung:
2 TL Salbei | 2 TL Wacholderbeeren |
1 TL Weihrauch | 1 TL Beifuß |
1 TL Lavendelblüten

Beginne das Räuchern von der Raummitte aus und bewege dich gegen den Uhrzeigersinn durch den Raum. Wenn du möchtest, kannst du das Räuchergefäß dabei in Form einer harmonischen, liegenden Acht bewegen.

Wichtig: Achte während des Räucherns darauf, dass Türen und Fenster, die nach außen führen, geschlossen sind. Öffne sie erst wieder, wenn du das Räuchern beendet hast und der Rauch etwas einwirken konnte.

Danach gut durchlüften und bei Bedarf kannst du einen Wasserspray oder einen Energieraumspray versprühen, was zusätzlich reinigt und den Rauch entfernt.

Empfindungen:

....

....

....

2. Durchgang: Aufladung

Nachdem die Reinigung abgeschlossen ist, folgt das **Aufladen und Harmonisieren** mit neuer, frischer Energie. Besonders geeignet sind dafür Stoffe wie **Weihrauch, Tonkabohne oder Syntax**.

Der zweite Räucher-Durchgang ist meist fließender. Es bleibt dir überlassen, ob du währenddessen Fenster und Türen geöffnet oder geschlossen halten möchtest.

Beginne das Räuchern wieder von der Raummitte aus und bewege dich diesmal im Uhrzeigersinn durch die Räume.

Die liegende Acht kann wieder unterstützend wirken. Auch im zweiten Durchgang kannst du am Ende wieder mit einem Wasserspray, oder einem Energieraumspray durch die Räume gehen.

Du kannst für beide Durchgänge dieselbe Mischung verwenden.

Empfindungen:

....

....

....

Nach dem Räuchern:

Nachdem du mit dem Räuchern fertig bist, stelle das (noch heiße) Gefäß auf einen **feuerfesten Untergrund** oder im Außenbereich ab. Danach solltest du dich **selbst reinigen** und erneut erden.

2 13 Wünsche

Ein beliebtes Ritual in der Jul-Nacht sind die 13 Wünsche. Du wirst sehen, das wird dir viel Spaß bereiten. Schließe deine Augen für einen Moment und höre in dich hinein.

Anschließend schreibst du **13 Wünsche auf** jeweils einen Zettel. Lege die Zettel an einen Ort, der dir passend für den Anlass erscheint. Das kann z.B. eine besondere Schatulle sein, eine Schachtel oder Dose. **In jeder Rauhnacht** ziehst du einen Zettel und verbrennst ihn. Den letzten Zettel, also Nummer 13, behältst du – symbolisch steht es dafür, dass das Universum sich deiner ersten 12 Wünsche annimmt und du den letzten Wunsch selbst umsetzt.

3 Lichterspirale

Die Wintersonnenwende ist die **Wiedergeburt des Lichts**. Ein besonders schönes und kraftvolles Ritual ist daher die Lichterspirale.

Du nimmst dafür Kerzen, am besten Teelichter, und legst sie in Form einer Spirale auf den Boden. Achte dabei darauf, dass du genügend Raum zwischen den Kerzen frei lässt, damit du die Spirale entlanggehen kannst. Zünde die Kerzen an und schreite nun langsam und bedacht die Spirale von außen bis zum Zentrum ab.

Konzentriere dich auf alle Dinge, die du im kommenden Jahr in dein **Leben einladen** möchtest. Öffne dich für die Möglichkeiten deiner Zukunft. Wenn du im Zentrum der Lichterspirale angekommen bist, bedanke dich für alle Unterstützung und Liebe, die du in diesem Jahr erfahren hast. Anschließend denke an all jene Dinge und Gedanken, die du loslassen möchtest. Nimm ein paar tiefe Atemzüge: atme langsam ein und langsam aus. Anschließend schüttle deinen Körper kräftig und lass los!

Heiligabend

Der Tag der Rückschau
und Besinnung

24. Dezember

Reinigen • Loslassen • Klarheit

Heute ist der Heilige Abend – eine magische Nacht voller Zauber und Besinnung. Er läutet die Zeit der **Rückschau** ein, bevor in der Nacht die eigentlichen Rauhnächte beginnen.

Nutze diesen Tag für eine letzte **Reinigung** und führe eine Räucherung durch, falls du es bisher nicht getan hast. Vergiss nicht, dem letzten Jahr mit einer kleinen Danksagung zu danken. Verbringe den Tag in der Gesellschaft deiner Liebsten oder in Selbstreflexion. Genieße einen Moment des Innehaltens, der Innenschau und der Dankbarkeit. Es war ein Jahr voller Geschehnisse – blicke mit Stolz auf das Erreichte zurück und feiere dich und deinen bisherigen Weg.

Es ist der Moment,
die Ankunft des Lichts zu feiern.

Deine Reflexionen für Heiligabend:

1

Welche **Momente** des Jahres waren erfüllt von Schönheit und Freude?

2

Für welche **besonderen Ereignisse**, Begegnungen oder Erkenntnisse empfinde ich tiefe Dankbarkeit?

3

Welche **Menschen** standen in diesem Jahr an meiner Seite?

4

In welchen Bereichen meines Lebens habe ich **Veränderung** erlebt?

5

Welche **Projekte** oder **Ziele** habe ich erfolgreich abgeschlossen?

6

Welche **Vorhaben** sind noch im Werden?

Raum für Notizen:

Rituale für Heiligabend

Heute feiern wir die **Ankunft des Lichts**. Deine Wohnung sollte aufgeräumt und geputzt sein. Wenn du die Wohnung bislang nicht geräuchert hast, dann tue es heute. Besondere Speisen sollten zubereitet sein – auch für die Tiere und Naturwesen. Heute ist der Moment gekommen, wo du mit den Menschen, die dir am meisten bedeuten, feierst, was im vergangenen Jahr gut und schön war – bedanke dich für die Fülle in deinem Leben!

1 Dankbarkeitsritual

Zeige deine **Wertschätzung** für jene Menschen, die in diesem Jahr an deiner Seite waren, die dich unterstützt, mit dir gelacht oder vielleicht auch geweint haben – sei es in Form eines Briefes oder indem du es ihnen direkt sagst. Du kannst auch einen Brief an dein vergangenes Ich schreiben, um Dank auszusprechen für den Mut und die Stärke, die du in diesem Jahr aufgebracht hast, und für die Etappenziele, die du erreicht hast.

Nimm dir Zeit dafür!

2 Innehalten

Gönn dir ein paar **ruhige Minuten** ganz für dich allein.
Mach eine Pause und denke über das vergangene Jahr nach.

- Wie siehst du dich heute selbst?
- Was hat sich in diesem Jahr in dir verändert?
- Wie fühlst du dich, wenn du diese Veränderung reflektierst?

...

....

....

....

....

....

....

....

....

Jetzt geht es mit den Räuhnächten los.
Hier ein **Überblick** darüber, was dich in jeder Nacht erwartet:

1. Rauhnacht
FAMILIE & HARMONIE
24. auf den 25.12.

2. Rauhnacht
KLARHEIT & BEZIEHUNGEN
25. auf den 26.12.

3. Rauhnacht
WACHSTUM & LIEBE
26. auf den 27.12.

4. Rauhnacht
WERTE & REFLEXION
27. auf den 28.12.

5. Rauhnacht
SELBSTAKZEPTANZ & BEZIEHUNGSPFLEGE
28. auf den 29.12.

6. Rauhnacht
LOSLASSEN & HEILUNG
29. auf den 30.12.

7. Rauhnacht
MANIFESTATION & INSPIRATION
30. auf den 31.12.

8. Rauhnacht
INTENTION & ERNEUERUNG
31.12 auf den 01.01.

9. Rauhnacht
VERÄNDERUNG & KREATIVITÄT
01.01. auf den 02.01.

10. Rauhnacht
FÜLLE & DANKBARKEIT
02.01. auf den 03.01.

11. Rauhnacht
ABSCHIED & NEUBEGINN
03.01. auf den 04.01.

12. Rauhnacht
RÜCKBLICK & INTEGRATION
04.01. auf den 05.01.

Dreikönigsnacht
REFLEXION & VORAUSSICHT

1. Rauhnacht

Die Wurzeln, die Basis,
das Fundament

24./25. Dezember

Innehalten • Selbstreflexion

Unsere Familie ist die Basis. Sie ist die Grundlage, auf der wir stehen und wachsen. Die uns erdet und Kraft gibt, um in die Zukunft zu blicken und mutig neue Pfade zu beschreiten.

In der ersten Rauhnacht, die mit dem ersten Weihnachtstag zusammenfällt, begrüßen wir den Monat **Januar**.

Dieser Monat läutet das neue Jahr ein und mit ihm beginnt die Zeit des Neuanfangs. An diesem Tag legst du den Grundstein für deine Vorhaben und Ziele. Unsere Wurzeln – das solide Fundament unseres Seins – stehen im Mittelpunkt. Der 25. Dezember ist traditionell ein Familientag, an dem wir unsere Bindungen festigen und in der Gemeinschaft Kraft schöpfen.

Ein Tag, an dem wir ankommen und zugleich zu neuen Ufern aufbrechen.

Deine Reflexionen für die 1. Rauhnacht:

1

Was bedeutet **Familie** für mich?

2

Was ist meine **Rolle** in meinem Familiengefüge?

3

Was gibt mir **Kraft** und **erdet** mich?

4

Wo ist mein **Kraftplatz** bzw. **Kraftort**?

5

In welchem **Bereich** in meinem Leben wünsche ich mir mehr Harmonie und Ausgeglichenheit?

6

Was sind meine **Ziele** für das neue Jahr?

Raum für Notizen:

....

....

....

....

....

....

....

....

....

....

....

....

....

....

....

....

....

....

Rituale für die 1. Rauhnacht

1 13 Wünsche

Falls du das Ritual der 13 Wünsche vorbereitet hast, ist es heute an der Zeit, den **ersten Wunsch** zu ziehen. Verbrenne den Zettel, ohne ihn noch einmal anzusehen, in einer feuerfesten Schale oder über einer Kerze und bedanke dich beim Universum für die Unterstützung und Liebe.

2 Ein Tag, um dich zu erden...

Die erste Rauhnacht steht ganz im **Zeichen des Erdens**.
Verbinde dich mit Mutter Erde und zugleich mit dir.

Folgende Dinge kannst du heute unternehmen:

Mache einen **Spaziergang**,
um deine Umgebung bewusst wahrzunehmen.
Nimm ein paar Minuten lang tiefe und gleichmäßige Atemzüge.

Lehne dich an einen Baum. Schließe deine Augen und atme
ruhig und gleichmäßig. Stelle dir dabei vor, dass deine eigenen
Wurzeln tief und **kräftig** in die **Erde wachsen**.

Mache ein **heilsames Bad** mit Meersalz und ätherischen Ölen.
Zünde Kerzen an und beobachte, wie sie für dich leuchten.

Entzünde eine Kerze für alle Menschen, die dir wichtig sind.
Segne sie im Stillen und zeige deine **Dankbarkeit** für ihre Unterstützung.

2. Rauhnacht

Die innere Weisheit und
das höhere Ich

25./26. Dezember

Innere Weisheit • Höheres Ich

In dieser Rauhnacht schenken wir unsere Aufmerksamkeit dem Februar. Die ersten, zarten Anzeichen des Frühlings liegen in der Luft, die Tage werden wieder länger, das Licht stärker. Unter der Erde regt sich das Leben bereits, auch wenn wir es bislang nicht wahrnehmen. An diesem Tag steht alles im Zeichen der **Selbstreflexion** und der Innenschau. Lausche heute besonders der Stimme deines Herzens. Verbinde dich mit deiner inneren Kraft. Glaube daran, dass die Saat des Neuen schon in dir schlummert und nur darauf wartet, durch das Licht deines Herzens zum Leben erweckt zu werden – wie die Frühlingssonne dafür sorgt, dass die Natur wieder zum Leben erwacht und in voller Pracht erblüht.

Erwecke das Licht deines Herzens zum Leben.

Deine Reflexionen für die 2. Rauhnacht:

1

Welche **Träume** möchte ich im kommenden Jahr verwirklichen?

2

In welchen Bereichen meines Lebens suche ich nach mehr **Klarheit**?

3

Welche **inneren Weisheiten** möchte ich im neuen Jahr weiter erforschen?

4

Mit wem möchte ich meine Zeit verbringen und welche **Beziehungen** möchte ich stärken?

5

Gibt es Konflikte oder Missverständnisse, die es zu **klären** gilt?

6

Welche Ängste oder Zweifel gilt es zu **überwinden**, um voranzuschreiten?

Raum für Notizen:

....

....

....

....

....

....

....

....

....

....

....

....

....

....

....

....

....

....

Meine Ziele im neuen Jahr

Thema	Das mache ich gut	Darin kann ich mich verbessern	Meine Ziele
Familie			
Freunde			
Arbeit			
Körper			
physische Gesundheit			
Finanzen			

Nimm dir Zeit dafür!

Rituale für die 2. Rauhnacht

1 13 Wünsche

Wenn du das Ritual vorbereitet hast, kannst du heute den **zweiten Wunsch** ziehen. Falls nicht, kannst du das 13-Wünsche Ritual immer noch nachholen (siehe S. 28). Verbrenne den Zettel, ohne ihn noch einmal zu lesen, in einer feuerfesten Schale oder über einer Kerze und bedanke dich beim Universum für die Unterstützung und Liebe.

2 Visionboard

Heute ist ein guter Tag,
um ein Visionboard zu gestalten.

Ein Visionboard ist ein **großartiges Werkzeug**, um die eigenen Träume zu visualisieren. Es ist eine optische Hilfe, deine Ziele und Träume zu manifestieren und ihnen dadurch zu helfen, Wirklichkeit zu werden. Viele erfolgreiche Menschen setzen auf die Kraft des Visionboards und berichten, dass es ein wesentliches Instrument für das Erreichen ihrer Ziele ist.

3 Meditation

Nutze die Kraft des heutigen Tages, um dich noch stärker mit dir selbst zu verbinden. Finde einen ruhigen Ort, an dem du ungestört bist, und meditiere für **mindestens 10 Minuten**.

Entweder du benutzt dafür eine App (wie z. B. „Othership" oder „Headspace" - dort findest du auch geführte Gratismeditationen in englischer und deutscher Sprache) oder du setzt dich einfach im Schneidersitz auf den Boden, schließt die Augen und achtest für mindestens zehn Minuten auf deinen Atem.

Atme langsam vier Sekunden ein und wieder langsam vier Sekunden aus. Diese Atmung aktiviert deinen Parasympathikus, den Ruhenerv und hilft deinem Gehirn, sich mit deinem Herzen zu synchronisieren. Wenn du ein Messgerät hast, das deine Herzfrequenzvariabilität (HFV) misst, siehst du in Echtzeit, wie deine HFV ansteigt - ein Anzeichen dafür, dass du mehr in die Entspannung und damit in deine Mitte kommst.

Versuche dich zu entspannen

3. Rauhnacht

Zeit der Wunder und
Herzensweite

26./27. Dezember

Wachstum • Neuanfang

Die festlichen Tage liegen hinter uns, und allmählich kehren wir zu unseren alltäglichen Routinen zurück.

Diese Rauhnacht repräsentiert den **März**, den Monat, in dem die Natur aus ihrem Schlummer erwacht und ein neuer Wachstumszyklus beginnt.

Die Natur erblüht, das Leben kehrt zurück. Lass auch du dich von diesem Neuanfang inspirieren.

Öffne dein Herz, spüre in dich hinein und knüpfe heute eine tiefe Verbindung zu dir selbst und zu deinem Herzen. Sei offen für die Liebe und übe dich darin, sie nicht nur zu empfangen, sondern auch zu geben.

**Öffne dich,
um Liebe zu empfangen.**

Deine Reflexionen für die 3. Rauhnacht:

1

Welche **Momente** oder **Begegnungen** haben in diesem Jahr mein Herz besonders berührt?

2

In welchen Situationen habe ich gespürt, dass ich **aus vollem Herzen** agiere?

3

Gegenüber wem möchte ich meine **Liebe** im kommenden Jahr noch offener zum **Ausdruck** bringen?

4

Welche **Herzensangelegenheiten** möchte ich im kommenden Jahr in Angriff nehmen?

5

Welche kleinen **Taten** der Liebe kann ich täglich ausführen, um mein Herz und das meiner Mitmenschen zu erfreuen?

6

Was bedeutet für mich **bedingungslose Liebe** und wie kann ich diese leben?

Raum für Notizen:

Rituale für die 3. Rauhnacht

1 13 Wünsche

Wenn du das Ritual vorbereitet hast, kannst du heute den **dritten Wunsch** ziehen. Falls nicht, kannst du das 13-Wünsche-Ritual immer noch nachholen (siehe S. 28). Verbrenne den Zettel, ohne ihn noch einmal zu lesen, in einer feuerfesten Schale oder über einer Kerze und bedanke dich beim Universum für die Unterstützung und Liebe.

2 Herzmeditation

Hier ist die **Anleitung** für eine Herzmeditation, die du heute praktizieren kannst. Sie hilft dir, dich stärker mit deinem Herzen zu verbinden, Liebe zu empfangen und Liebe zu geben.

1. Vorbereitung:
   Finde einen ruhigen Ort, an dem du ungestört sein kannst. Setze oder lege dich bequem hin. Schließe die Augen und atme ein paar Mal tief ein und aus, um anzukommen und dich zu entspannen.

2. Erdung:
   Stelle dir vor, wie mit jedem Atemzug Wurzeln von deinem Körper in die Erde wachsen. Sie geben dir Halt und erlauben dir gleichzeitig, deine Sorgen in die Erde zu leiten.

4 **Atem des Herzens:**
Atme tief in dein Herz hinein.
Stelle dir vor, wie mit jedem Atemzug ein warmes, goldenes Licht dein Herz öffnet und es für die Wunder der Welt öffnet.

5 **Liebe empfangen:**
Mit jedem Einatmen nimmst du Liebe auf,
mit jedem Ausatmen gibst du Anspannung und Kälte ab.
Fühle, wie sich dein Herzraum mit Wärme, Licht und Liebe füllt.
Du wirst immer größer, dein innerer Raum weitet sich und wird von der Kraft des Universums erfüllt.

6 **Herzenswünsche:**
Manifestiere Wünsche und Träume, die tief in deinem Herzen schlummern. Sieh sie vor dir in diesem warmen Licht deines Herzens.

7 **Verbindung:**
Fühle, wie du mit jedem Atemzug eine
stärkere Verbindung zu deinem Herzen aufbaust.
Jeder Wunsch wird deutlicher und kraftvoller.

8 **Liebe senden:**
Stelle dir nun vor, wie du mit jedem Ausatmen Liebe und Licht in die Welt sendest. An deine Liebsten, aber auch an alle Menschen bzw. an alles Lebendige.

9 **Dankbarkeit:**
Bedanke dich bei deinem Herzen für seine unermüdliche Arbeit, für die Liebe, die es gibt und empfängt. Bedanke dich bei dir selbst für diese Zeit der Besinnung.

10 **Abschluss:**
Genieße noch einen Moment der Stille.
Lass die Schwingungen und Gedanken nachwirken.
Wenn du bereit bist, öffne langsam deine Augen.
Bewege deine Finger, Arme und Beine langsam,
um wieder ganz in dieser Welt anzukommen.

3 Müßiggang

Die meisten Menschen leben den Großteil der Zeit im Außen. Verstärkt durch das Internet, unsere Mobiltelefone und die sozialen Medien kommen wir kaum mehr zur Ruhe und verlieren die Verbindung zu unserem wahren Selbst. Um die Stimme des Herzens zu vernehmen, müssen wir loslassen, **zur Ruhe kommen**, uns mit uns selbst verbinden. Wir haben verlernt, uns zu langweilen, die hohe Kunst des Müßiggangs ist uns fremd. Dabei ist es gerade dieser Zustand des „Nichtstuns", der es uns ermöglicht, neue Impulse zu empfangen, kreativ und schöpferisch zu sein. Nutze den Tag und die seltene Gelegenheit, einmal gar nichts zu tun, dich zu langweilen und dabei völlig zur Ruhe zu kommen.

Vielleicht hast du Kinder? Wenn ja, dann nimm sie als Vorbild und folge deinem spontanen Impuls: Egal ob du singen, einen Spaziergang machen, meditieren oder nur aus dem Fenster schauen möchtest – folge an diesem Tag deinen Herzensimpulsen und gib ihnen den gebührenden Platz!

3 Platz in deinem Herzen:

Wie oft denken wir daran, einem lieben Menschen unsere **Gefühle mitzuteilen** und tun es dann doch nicht? Es gibt sicher viele Dinge, die du deinen Liebsten sagen möchtest. Heute ist ein guter Zeitpunkt, um es auszusprechen. Worte haben eine besondere Kraft. Folge deinem Herzen und schreibe auf, welchen Menschen du etwas von Herzen mitteilen und mit wem du wieder in Kontakt treten möchtest.

4. Rauhnacht

Auflösung und Wandel

27./28. Dezember

Auflösung • Wandel

In der vierten Rauhnacht richten wir unser Augenmerk auf den Monat **April** – eine Jahreszeit voller Überraschungen und launischer Wetterkapriolen. Es ist eine Periode des **Umbruchs**, nicht nur in der Natur, sondern in allem, was uns umgibt.

Das vergangene Jahr hat uns gelehrt, dass Veränderung notwendig ist, um Raum für Neues zu schaffen. Nutze diese Rauhnacht, um dich von negativen Altlasten zu befreien und wertvolle Einsichten für das kommende Jahr zu gewinnen. Akzeptiere den Wandel als eine ewige Konstante des Lebens. Alles Leben ist Veränderung! Die vierte Rauhnacht ist zudem wie ein magischer Schlüssel - heute hast du die Möglichkeit, Unstimmigkeiten der vorherigen Nächte zu bereinigen.

Erwecke das Licht deines Herzens zum Leben.

Deine Reflexionen für die 4. Rauhnacht:

1

Welche **„negativen" Dinge** habe ich im letzten Jahr erlebt und wie habe ich darauf reagiert?

2

Was habe ich aus diesen Erfahrungen **gelernt**? Was konnte ich mitnehmen?

3

Welche **persönlichen Werte** sind mir wichtig und wie habe ich sie im Alltag umgesetzt?

4

Was sind meine **Stärken**
und wie kann ich sie weiterentwickeln?

5

Welche Bereiche meiner **Persönlichkeit** möchte
ich im nächsten Jahr weiter entwickeln?

6

In welchen Bereichen meines Lebens
wünsche ich mir einen **Neuanfang** und wie
kann ich diesen initiieren?

Raum für Notizen:

Rituale für die 4. Rauhnacht

1 13 Wünsche

Wenn du das Ritual vorbereitet hast, kannst du heute den **vierten Wunsch** ziehen. Falls nicht, kannst du das 13-Wünsche-Ritual immer noch nachholen (siehe S. 28). Verbrenne den Zettel, ohne ihn noch einmal zu lesen, in einer feuerfesten Schale oder über einer Kerze und bedanke dich beim Universum für die Unterstützung und Liebe.

2 Reinigen & Entgiften

Nutze den Tag zum Beispiel für einen entspannten Saunagang. Die Sauna hilft dir, **mental und körperlich zu entgiften**.

Saunieren hat in vielen Kulturen eine lange Tradition, die in Verbindung mit dem Metaphysischen steht - wie z. B. bei den amerikanischen Ureinwohnern, die Schwitzhütten benutzten, um Körper, Geist und Seele zu läutern.

3 Transformation

Setze dich an einen Tisch und schreibe dir in Ruhe alles nieder, was dich in den letzten drei Tagen belastet hat (z. B. Streit, schlechte Nachrichten, Albträume). Anschließend nimmst du einen neuen Zettel, formulierst alles positiv um und verbrennst ihn.

Meine Werte

Lies dir die Liste in Ruhe durch und notiere dir die **12 Werte**, die dir deiner Meinung nach am besten entsprechen und persönlich wichtig sind.

Falls du deine Werte nicht abgebildet findest, kannst du natürlich alles ergänzen, was dir wichtig ist.

Achtsamkeit
Akzeptanz
Authentizität
Bildung
Behutsamkeit
Barmherzigkeit
Demut
Durchhaltevermögen
Ehrgeiz
Ehrlichkeit
Empathie
Engagement
Fairness
Freiheit
Flexibilität
Glaube
Gleichberechtigung
Gesundheit

Geduld
Gelassenheit
Genuss
Humor
Individualität
Integrität
Klarheit
Kreativität
Leichtigkeit
Selbstbewusstsein
Leidenschaft
Loyalität
Mitgefühl
Natur
Neugier
Optimismus
Ordnung

Respekt
Ruhe
Resilienz
Selbstdisziplin
Selbstliebe
Selbstreflexion
Sinn
Spiritualität
Stärke
Teamgeist
Teamwork
Toleranz
Treue
Unabhängigkeit
Vergebung
Vertrauen
Vielfalt

....

....

....

....

....

Nimm dir Zeit dafür!

5. Rauhnacht

Freundschaft und Selbstliebe

28./29. Dezember

Verbindung • Freundschaft

In der fünften Rauhnacht spiegelt sich der Wonnemonat **Mai** – eine Zeit, in der die Natur in ihrer vollen Pracht erblüht und wir unsere Verbindung zur Welt und zu uns selbst tiefer spüren. Alles erwacht und tanzt im Rhythmus des Frühlings, das Leben ist leicht und unbeschwert.

Nutze diesen besonderen Tag, um die Fäden der Freundschaft zu knüpfen und zu festigen. Es ist eine Zeit, nicht nur die zwischenmenschlichen Bande zu stärken, sondern auch die Beziehung zu dir selbst zu vertiefen. Erkenne dich selbst als treuen Freund und Begleiter, der dich auf deinem einzigartigen Lebenspfad begleitet.

Sei dir selbst ein treuer Freund.

Deine Reflexionen für die 5. Rauhnacht:

1

In welchen Momenten fällt es dir leicht, dich **selbst anzunehmen**? Wie kannst du diese Akzeptanz in deinem Alltag noch mehr stärken?

2

Was waren diese Momente, in denen du **Selbstliebe** gespürt hast?

3

Welche deiner Eigenschaften **schätzt** du besonders? Wie kannst du diese weiterhin pflegen und stärken?

4

Wie kannst du deine **Freundschaften vertiefen** und einen intensiveren Austausch fördern?

5

Welche **Erlebnisse** möchtest du im nächsten Jahr mit deinen Freunden teilen?

6

Welche Schritte kannst du unternehmen, um dich von **schädlichen Beziehungen** zu befreien oder sie zu verbessern?

Raum für Notizen:

....

....

....

....

....

....

....

....

....

....

....

....

....

....

....

....

....

....

Rituale für die 5. Rauhnacht

1 13 Wünsche

Wenn du das Ritual vorbereitet hast, kannst du heute den **fünften Wunsch** ziehen. Falls nicht, kannst du das 13-Wünsche-Ritual immer noch nachholen (siehe S. 28). Verbrenne den Zettel, ohne ihn noch einmal zu lesen, in einer feuerfesten Schale oder über einer Kerze und bedanke dich beim Universum für die Unterstützung und Liebe.

2 Freundschaften pflegen

Triff dich mit deinen Freunden oder rufe sie an und lass sie wissen, dass du sie schätzt. Bedanke dich für die gute Freundschaft und ihre Unterstützung. Vielleicht habt ihr ja seit langer Zeit vor, etwas Spezielles zu unternehmen. Wenn ja, dann ist heute der beste Zeitpunkt dafür!

3 Sei stolz auf das Erreichte

Wir neigen oft dazu, uns auf das Negative in unserem Leben zu konzentrieren, auf das, was uns fehlt. Dabei fokussieren wir uns nur auf den metaphorischen „Kohlehaufen" vor uns, der scheinbar nie kleiner wird. Was wir dabei meist vergessen, ist, zurückzublicken und zu erkennen, wie viel „Kohle" wir bildlich gesprochen schon aus dem Weg geräumt haben.

Heute ist ein Tag, um **stolz** auf dich und deine Errungenschaften zu sein. Schau auf das vergangene Jahr zurück und notiere deine Erfolge. Sag mit Überzeugung ‚Ja' zu dir selbst und akzeptiere dich so, wie du bist. Umarme dich selbst – denn du bist einzigartig und großartig! Es ist schön, dass du auf der Welt bist.

6. Rauhnacht

Mutig dem Licht
entgegenschreiten

29./30. Dezember

Loslassen • offene Arme

Wir stehen an der Schwelle zum neuen Jahr - ein guter Zeitpunkt, um das **Alte loszulassen** und das Kommende mit offenen Armen zu empfangen. Wir stehen inmitten dieser geheimnisvollen Nächte, symbolisch auch in der Mitte des Jahreszyklus.

Die sechste Rauhnacht repräsentiert den Monat Juni, jene Zeit, in der der Frühling in den vollen Glanz des Sommers übergeht. Die Tage strecken sich, lang und lichterfüllt, bis sie am 21. Juni ihren Höhepunkt erreichen – die Sommersonnenwende, der längste Tag und die kürzeste Nacht des Jahres.

Ein Spiegelbild zur Wintersonnenwende, die wir gerade hinter uns gelassen haben. Alles im Leben folgt dem ewigen Kreislauf im Rhythmus der Natur.

In dieser Nacht lade ich dich ein, deinen eigenen Rhythmus zu entdecken und dich ihm hinzugeben. Zugleich ist es auch an der Zeit, dass du dich deinem Schatten zuwendest. Die Dunkelheit mag dich erschrecken, doch nur, wenn wir die finsteren Täler mutig durchschreiten, gelangen wir zum Licht.

Sei mutig und offen!

Deine Reflexionen für die 6. Rauhnacht:

1

Welche Erfahrungen oder Erlebnisse aus dem vergangenen Jahr möchte ich **hinter mir lassen**?

2

Welche **Gewohnheiten** oder **blockierenden Glaubenssätze** möchte ich loslassen?

3

Welche **unerledigten Angelegenheiten** möchte ich vor dem Jahreswechsel noch klären?

4

Gibt es **Verbindungen** oder **Beziehungen**, die ich **lösen** sollte, um frei ins neue Jahr zu starten?

5

Welche **Vergebung** – mir selbst oder anderen gegenüber – steht noch aus?

6

Welche Dinge bedürfen der **Heilung**, bevor ich weitergehen kann?

Raum für Notizen:

Rituale für die 6. Rauhnacht

1 13 Wünsche

Wenn du das Ritual vorbereitet hast, kannst du heute den **sechsten Wunsch** ziehen. Falls nicht, kannst du das 13-Wünsche-Ritual immer noch nachholen (siehe S. 28). Verbrenne den Zettel, ohne ihn noch einmal zu lesen, in einer feuerfesten Schale oder über einer Kerze und bedanke dich beim Universum für die Unterstützung und Liebe.

2 Ritual des fließenden Wassers

Was du benötigst

- Einen Bach oder Fluss in deiner Nähe
- Biologisch abbaubares Papier
- Einen wasserfesten Stift

Bereite dir eine dampfende Tasse Tee zu, sorge für eine behagliche Atmosphäre und notiere dann auf umweltfreundlichem Papier alles, was du in diesem Jahr **loslassen** möchtest.

Wie etwa Glaubenssätze, die dich blockieren und dein wahres Potenzial einschränken. Toxische Beziehungen, die dich belasten und die du nicht mehr in deinem Leben haben möchtest. Vielleicht möchtest du beruflich eine neue Richtung einschlagen? **Schreib es auf!**

Während du die Dinge niederschreibst, achte darauf, wie es sich anfühlt. Spürst du, wie dein Herz leichter wird? Wie deine Energie zunimmt, wenn dich dein seelischer Ballast nicht mehr beschwert?

Wenn du fertig bist, falte das Blatt zu einem kleinen Boot zusammen. Gehe nun zu dem nahegelegenen Bach oder Fluss und lasse das Schiffchen dort treiben. Während es sich von dir entfernt, beobachte es und verabschiede dich innerlich von den Dingen, die du loslassen möchtest. Bedanke dich bei dem Wasser für seine Kraft und für seine Unterstützung.

7. Rauhnacht

Vorbereitung auf das Neue

30./31. Dezember

Abschied • Neues

Diese Rauhnacht spiegelt den **Juli** wider – einen Monat voller Sommerglanz und Lebensfreude. Es ist ein Festtag, an dem wir die Zeitenwende feiern, Abschied vom Gewesenen nehmen und das Neue mit offenen Armen und lauten Stimmen begrüßen. Jeder Übergang birgt seinen eigenen Zauber, eine kostbare Chance für **Wandel** und **Erneuerung**. Dies ist der Moment, um unsere Gedanken neu zu ordnen und unsere Träume und Visionen Wirklichkeit werden zu lassen.

Seit alters her ist diese Nacht ein Fenster in die Zukunft, geprägt von Weissagungen und Orakeln. Die Tradition des Bleigießens ist ein Echo dieser alten Bräuche, ein spielerischer Blick in das, was uns im neuen Jahr erwartet.

Verabschiede dich vom Alten und begrüße Neues!

Deine Reflexionen für die 7. Rauhnacht:

1

Was möchte ich im kommenden Jahr **manifestieren** und welche ersten Schritte sind dafür notwendig?

2

Welche **Traditionen** oder **Rituale** möchte ich im neuen Jahr pflegen oder neu einführen?

3

Mit welchem **Gefühl** möchte ich ins neue Jahr starten?

4

In welchen Bereichen meines Lebens strebe ich nach **Wachstum** und wie kann ich das im neuen Jahr fördern?

5

Was bedeutet für mich **persönliche Erfüllung**?

6

Habe ich ein Gefühl, dass ich ein Leben voller **Sinn** und **Liebe** zu mir selbst lebe?

Raum für Notizen:

....

....

....

....

....

....

....

....

....

....

....

....

....

....

....

....

....

....

Rituale für die 7. Rauhnacht

1 13 Wünsche

Wenn du das Ritual vorbereitet hast, kannst du heute den **siebten Wunsch** ziehen. Falls nicht, kannst du das 13-Wünsche-Ritual immer noch nachholen (siehe S. 28). Verbrenne den Zettel, ohne ihn noch einmal zu lesen, in einer feuerfesten Schale oder über einer Kerze und bedanke dich beim Universum für die Unterstützung und Liebe.

2 Ein Liebesbrief an dich

Ein wunderbares Ritual für die siebte Rauhnacht ist es, einen Brief an sich selbst zu schreiben und ihn in genau einem Jahr wieder zu lesen. Wir selbst sind unsere **stärksten Kritiker** und gehen oft sehr hart mit uns um. Unsere Erfolge und Weiterentwicklungen nehmen wir viel zu selten wahr. Ganz im Gegenteil: Wir sind überzeugt, dass sich in unserem Leben nicht viel zum Positiven verändert und übersehen dabei die Entwicklung, die wir jedes Jahr machen.

Und so funktioniert es:

Nimm dir ein Blatt Papier und einen Stift, mit dem du gerne schreibst. Du kannst es auch digital machen, aber wenn du etwas handschriftlich schreibst, ist das ein bewussterer Prozess. Schreib einfach auf, was dir in den Sinn kommt, versuche im Moment zu sein, sei nicht zu analytisch und zu sehr in deinem Kopf.

Die Anrede

1 Jeder mag es, in Briefen oder Mails mit seinem Namen angesprochen zu werden. Beginne den Brief mit einer liebevollen Anrede an dich selbst.

Lobe dich selbst (Teil 1)

2 Als Erstes beginnst du, dein zukünftiges Ich für das vergangene Jahr zu loben. Sei an dieser Stelle bloß nicht schüchtern. Schreibe auf, wie fleißig, mutig, diszipliniert und kreativ du gewesen bist.
Klopf dir einmal so richtig auf die Schulter! Halte fest, wie hart du daran gearbeitet hast, deine Ziele zu erreichen. Vielleicht fühlt sich das komisch an: Das neue Jahr hat bislang nicht einmal begonnen und jetzt sollst du schon eine Lobeshymne für dich selbst anstimmen. Aber lass dich von diesen Gedanken nicht irritieren.

Deine Ziele

3 Ob beruflich oder privat, jetzt geht es um deine Ziele:
Was willst du lernen? Was möchtest du erreichen? Wohin willst du reisen? Es sind deine Ziele, also schreibe alles nieder, was du dir für dein kommendes Jahr vornimmst. Je spezifischer du schreibst, umso besser kannst du deine Ziele nachverfolgen.

Lobe dich selbst (Teil 2)

4 Anschließend blickst du noch einmal im Detail auf deine Erfolge zurück, die du im vergangenen Jahr gefeiert hast. Erkenne sie an und sei stolz auf dich! Dankbarkeit zu empfinden, ist entscheidend. Es hilft dir, dich selbst wertzuschätzen und mehr Selbstliebe zu empfinden. Sind wir nicht stets viel zu streng mit uns? Schreibe nieder, wie toll du dieses Jahr gemeistert hast und wie sehr du die Welt bereicherst.

Nimm dir Zeit dafür!

Verstecke diesen Brief für ein Jahr

Jetzt versiegele den Brief, beschrifte ihn mit deinem Namen und dem Öffnungsdatum und verstecke ihn. Genau in einem Jahr, also am **31.12. des nächsten Jahres**, öffne ihn und lies ihn dir in Ruhe durch. Du wirst erstaunt sein, wie gut sich das anfühlt!

3 Visionboard

Heute ist der richtige Zeitpunkt, um sich noch einmal dem Visionboard zu widmen. Lasse deine **Visionen**, **Träume** und **Wünsche** auf dich wirken.

Ergänze etwas, wenn dir noch etwas einfällt. Schließe die Augen und versuche dir alles vor deinem geistigen Auge präzise auszumalen - so, als wäre es schon Wirklichkeit!

8. Rauhnacht

Neubeginn und Wiedergeburt

31. Dezember/01. Jänner

Stärke • Hoffnung

Die heutige Rauhnacht steht für den vibrierenden **August**. Der Sommer umgibt uns in seiner vollen Pracht, die Sonne küsst die Erde und schenkt uns Vitalität und Stärke. Fühle heute das Licht, die Wärme, die ungetrübte Lebensfreude, die dieser Monat in sich trägt. Ist es nicht ein Wunder, lebendig zu sein, zu atmen und auf diesem wundervollen Planeten zu wandeln?

Ein neues Jahr hat sich aufgetan, reich an unbegrenzten Möglichkeiten. Öffne dich der Fülle des Lebens und befreie dich von der Enge und Starre des Alltags. Sei wie ein Kind, das die Welt als einen bunten, lebendigen Spielplatz betrachtet - ein Ort voller Möglichkeiten. Du bist das Samenkorn, das aus der dunklen Erde sprießt und sich voller Freude und Hoffnung der Sonne entgegenstreckt.

Öffne dich dem Leben in all seiner Fülle!

Deine Reflexionen für die 8. Rauhnacht:

1

Welche **positiven Absichten** habe ich im neuen Jahr?

2

Welche Aspekte meines Lebens stehen vor einem **Neuanfang** und dürfen sich neu entfalten?

3

Auf welche Weise kann ich aktiv die **Veränderungen** herbeiführen, die ich mir wünsche?

4

Wie kann ich das kommende Jahr mit meinen **Segenswünschen** positiv gestalten?

5

Welche **Eigenschaften** möchte ich pflegen, die mir helfen, Neues zu manifestieren?

6

Welche **Veränderungen** in meinem Leben symbolisieren für mich eine persönliche Wiedergeburt, und wie kann ich diese Veränderungen bewusst feiern und würdigen?

Raum für Notizen:

Rituale für die 8. Rauhnacht

1 13 Wünsche

Wenn du das Ritual vorbereitet hast, kannst du heute den **achten Wunsch** ziehen. Falls nicht, kannst du das 13-Wünsche-Ritual immer noch nachholen (siehe S. 28). Verbrenne den Zettel, ohne ihn noch einmal zu lesen, in einer feuerfesten Schale oder über einer Kerze und bedanke dich beim Universum für die Unterstützung und Liebe.

2 Begrüße das neue Jahr in der Natur

Ein neues Jahr hat begonnen, gehe hinaus in die Natur, in den Wald oder einen Park und spüre den Rhythmus des Neubeginns. Verbinde dich mit den Bäumen, Pflanzen und Tieren um dich herum.Alles ist in Veränderung, alles Leben transformiert sich fortwährend, erblüht und stirbt, um erneut zu erblühen. Spürst du, wie dein Herz im selben Rhythmus schlägt - auch du bist Teil dieses ewigen Kreislaufs.

2 Lichtmeditation

Diese Rauhnacht repräsentiert die Kraft des Sommermonats August. Das Licht ist gleißend hell, die Sonne erreicht ihren Zenit. Heute ist der perfekte Zeitpunkt, um eine Lichtmeditation durchzuführen.

1. Wähle eine Sitzposition, in der deine Wirbelsäule gut aufgerichtet ist.

2. Lege die Hände auf den Beinen ab und öffne die Handflächen zur Decke.

3 Nimm einige tiefe Atemzüge und fühle den Atem in deinem Körper. Folge dem Atem mit der Aufmerksamkeit in den Körper hinein und aus dem Körper hinaus. Wenn du einatmest, spüre nach, wie dein Körper Sauerstoff aufnimmt und mit Energie und Kraft versorgt wird. Wenn du ausatmest: Lass alles los, was du nicht mehr brauchst. Einatmen und Ausatmen sind wie Yin und Yang – atme die Kraft des Lebens ein und lass beim Ausatmen alles Alte los.

4 Lass deine Gedanken völlig frei fließen und fokussiere dich auf deinen Atem. Jetzt stell dir vor, dass du beim Einatmen die Kraft des Lichts aufnimmst. Beim Ausatmen lässt du hingegen immer mehr los.

5 Stell dir über dir eine helle Kugel aus weißem Licht vor.
Beim Einatmen atmest du diese helle Kugel aus weißem Licht ein – das Licht strömt in deinen Kopf ein – durch deinen Hals – die Schultern hinab bis in deine Fingerspitzen. Atme aus. Sobald du wieder einatmest, nimm mehr von dem hellen Licht in dir auf und stell dir vor, wie es durch deinen Körper strömt - vom Kopf, über den Brustkorb und den Rücken, die Wirbelsäule hinunter, durch die Hüften bis zu den Beinen. Das Licht, das du einatmest, durchströmt jede Zelle deines Körpers und gibt dir Wärme und Kraft.

6 Wenn du irgendwo in deinem Körper Beschwerden hast, dann leite das Licht zu diesem Körperteil. Atme das Licht erneut ein und spüre, wie es die Beine hinabströmt – durch die Knie, die Waden und die Knöchel entlang bis zu den Füßen und Zehen. Dein Körper ist nun vollständig von Licht erfüllt. Atme noch einmal alles Negative aus und lass es für immer los. Atme tief ein und nimm noch mehr von dem hellen Licht auf.

7 Stelle dir vor, dass das Licht nicht nur deinen Körper erfüllt, sondern aus deinem Herzen heraus in die Welt strahlt - bis in die Unendlichkeit des Universums. Nimm noch ein paar sanfte Atemzüge und beende dann im eigenen Tempo die Lichtmeditation.

„Suche das Licht
nicht im Außen,
finde das Licht in dir
und lass es aus
deinem Herzen strahlen."

(Rumi)

9. Rauhnacht

Licht, Segen
und die Kraft der Mitte

01./02. Jänner

Übergang • innere Mitte • Wandel

Die neunte Rauhnacht steht für den **September**. Der Sommer neigt sich sanft seinem Ende zu und die Tage werden wieder kürzer. Wir stehen an der Schwelle zwischen zwei Jahreszeiten, in einer Zeit des Übergangs. Diese Nacht markiert auch das nahende Ende der stillen Festtage, führt uns langsam zurück in die gewohnte Welt des Alltäglichen. Doch gerade heute lohnt es sich, einen Moment innezuhalten. Es ist eine Zeit, um die Verbindung zu deiner eigenen Kreativität zu vertiefen und dich an die Kraft deiner inneren Mitte zu erinnern. Im Gleichgewicht mit uns selbst können wir sowohl die Sonnenseiten als auch die Schattenseiten unserer Gefühle annehmen.

Diese Rauhnacht lädt dich ein, den Wandel der Jahreszeiten in dir selbst zu reflektieren. Wie kannst du das warme Licht des Sommers in deinem Herzen bewahren und gleichzeitig den kommenden Herbst willkommen heißen?

Erinnere dich an die Kraft deiner inneren Mitte.

Deine Reflexionen für die 9. Rauhnacht:

1

Gibt es eine **Parallele** zwischen meinem persönlichen Wachstum und den verschiedenen Jahreszeiten?

2

In welchen Momenten des vergangenen Jahres habe ich mich besonders **lebendig** gefühlt?

3

Welche kreativen Impulse habe ich in letzter Zeit vernachlässigt und wie kann ich sie **wiederbeleben**?

4

Wie finde ich ein **Gleichgewicht** zwischen der Akzeptanz von Veränderungen und dem Bewahren meiner Grundwerte?

5

Welche Gewohnheiten oder **Gedankenmuster** möchte ich loslassen, um Platz für Neues zu schaffen?

6

In welchen Bereichen meines Lebens fühle ich mich besonders **ausgeglichen** und wie kann ich dieses Gleichgewicht aufrechterhalten?

Raum für Notizen:

Rituale für die 9. Rauhnacht

1 13 Wünsche

Wenn du das Ritual vorbereitet hast, kannst du heute den **neunten Wunsch** ziehen. Falls nicht, kannst du das 13-Wünsche-Ritual immer noch nachholen (siehe S. 28). Verbrenne den Zettel, ohne ihn noch einmal zu lesen, in einer feuerfesten Schale oder über einer Kerze und bedanke dich beim Universum für die Unterstützung und Liebe.

Mache heute Dinge, die deine Mitte stärken, die dich beruhigen und zentrieren – das kann Yoga sein, meditieren, Zeit mit der Familie verbringen, Freunde treffen, ein gutes Essen genießen, usw.

2 Meditation zur Stärkung der Mitte

Beim Yoga versteht man unter der Mitte das Herz. Beim Taoismus hingegen meint man die Region des Unterbauchs, das sogenannte Hara. Die folgende Meditation hilft dir, dich stärker mit deiner Mitte zu verbinden, sie verleiht dir Kraft und Stärke.

1. Setz dich bequem hin und schließe deine Augen.
Lenke deine Aufmerksamkeit auf die Geräusche um dich herum.
Hör auf die Klänge in deiner Nähe und in der Ferne, ohne sie zu beurteilen. Lass sie einfach sein.

2 Atme tief und regelmäßig durch die Nase ein und aus. Dein Atem hält dich im gegenwärtigen Moment. Konzentriere dich darauf, wie die Luft durch deine Nase strömt und deine Lungen füllt. Erlaube deinem Atem, sich zu beruhigen und immer langsamer zu werden. Spüre, wie dein Herzschlag ruhiger wird und sich jede Zelle in deinem Körper entspannt.

3 Spüre nun, wie dein Körper Kontakt mit dem Boden hat, der dich stützt – das ist dein Pol, der dich mit der Erde und der Materie verbindet.

4 Bewege deine Wahrnehmung langsam nach oben, bis zum obersten Punkt deines Kopfes. Stell dir vor, dieser Pol verbindet dich mit dem Himmel.

5 Finde jetzt die Mitte zwischen diesen beiden Punkten – den Bereich um dein Herz. Dies ist der Mittelpunkt zwischen Erde und Himmel, dein Zentrum. Leg deine Hände sanft auf dein Herz und atme weiterhin tief und gleichmäßig ein und aus. Versuche beide Atemzüge, das Ein- und Ausatmen, gleich lange zu machen: rund vier Sekunden ein und vier Sekunden aus.

6 Verweile in der Stille und Ruhe dieses Mittelpunkts. Hier treffen Innen und Außen sowie Oben und Unten aufeinander. Spüre die Balance und nimm sie in dich auf.

7 Wenn du die Meditation beendest, atme noch einmal tief durch und kehre langsam in die Gegenwart zurück.

Versuche dich zu entspannen

„Es gibt:
ein Bleiben
im Gehen,
ein Gewinnen,
im Verlieren,
im Ende
einen Neuanfang."

(japanisches Sprichwort)

10. Rauhnacht

Fülle, Verbindung und
Weisheit

02./03. Jänner

Weisheit • Fülle • Verbindung

Die zehnte Rauhnacht steht für den Monat **Oktober**. Eine Zeit des Abschieds, aber auch der herbstlichen Fülle. Heute geht es darum, deine Fülle und Reife zu erkennen. Wenn du deinen Pfad kennst und ihn klar und deutlich vor dir siehst, kannst du ihn mutig beschreiten und dabei aus der Fülle schöpfen. Richte deinen Blick in die Zukunft. Du kannst in deinem Geist beginnen, die Landschaft deines Lebens neu zu gestalten. Denke daran: Jeder Wandel beginnt als Samenkorn in dir.

Begrüße den Wandel in deinem Leben.

Deine Reflexionen für die 10. Rauhnacht:

1

In welchen Lebensbereichen erlebe ich besonders intensiv ein Gefühl der **Fülle**?

2

Wie kann ich **Abschiede** in meinem Leben als natürlichen Teil des Wachstumsprozesses annehmen und daraus Weisheit schöpfen?

3

In welchen Momenten fühle ich mich am meisten **erfüllt** und **lebendig** und wie kann ich dafür sorgen, dass ich diese Momente häufiger erlebe?

4

Wie kann ich die **Weisheit**, die ich aus meinen bisherigen Erfahrungen gewonnen habe, nutzen, um meine Zukunft positiv zu gestalten?

5

Welche **Menschen** in meinem Leben tragen zu meiner persönlichen Fülle bei, und wie kann ich diese Beziehungen weiter stärken und vertiefen?

6

Wie kann ich die Fülle meines Lebens nutzen, um nicht nur mein eigenes **Wohlergehen**, sondern auch das meiner Familie, der Gemeinschaft und Umwelt zu **fördern**?

Raum für Notizen:

Rituale für die 10. Rauhnacht

1 13 Wünsche

Wenn du das Ritual vorbereitet hast, kannst du heute den **zehnten Wunsch** ziehen. Falls nicht, kannst du das 13-Wünsche-Ritual immer noch nachholen (siehe S. 28). Verbrenne den Zettel, ohne ihn noch einmal zu lesen, in einer feuerfesten Schale oder über einer Kerze und bedanke dich beim Universum für die Unterstützung und Liebe.

2 Räuchern mit Weihrauch

Das Räuchern mit Weihrauch ist seit Jahrtausenden ein wichtiger Bestandteil der verschiedenen Traditionen. Weihrauch wird z.B. immer noch in der katholischen Liturgie für Gottesdienste, Prozessionen und Andachten verwendet.

Der magische Duft des Weihrauchs wird in den Rauhnächten benutzt, um das Zuhause und die Familie vor Bösen zu schützen, sie zu reinigen und alle gesund zu segnen. Aufgrund seiner Inhaltsstoffe wird ihm auch nachgesagt, entzündungshemmend und stimmungsaufhellend zu wirken. **Weihrauch ist ein Symbol für die Heiligkeit**, die in jedem Menschen liegt. Es ist das „Lebensgold", das uns für einen gewissen Zeitraum zur Verfügung steht.

3 Meditation: bewusste Gestaltung der Zukunft

1. Finde einen ruhigen Ort, an dem du für die nächsten 10 Minuten ungestört sein kannst.

2. Setze oder lege dich bequem hin und schließe die Augen.

3. Beginne mit einem tiefen Atemzug.
Atme langsam ein und lasse beim Ausatmen los.

4. Erkenne, dass deine bisherigen Gedanken und Emotionen dein jetziges Leben geformt haben.

5. Verstehe, dass du durch bewusste Gedanken und Emotionen aus dem Kreislauf unbewusster Prägungen ausbrechen kannst.

6. Nimm dir einen Moment, um dir bewusst zu machen, was gerade in deinem Kopf vorgeht.

7. Stelle dir vor, wie du dir deine Zukunft wünschst.
Denke an positive, lebensbejahende und erfüllende Dinge.

8. Lass innere Bilder entstehen, die deine Wünsche und Vorstellungen widerspiegeln.

9. Beobachte, ob diese Gedanken positive Emotionen wie Freude, Liebe und Begeisterung in deinem Herzen wecken.

10. Lasse diese bewussten Gedanken Emotionen erzeugen, die wiederum dein Handeln bestimmen.

11. Erlebe mit deinem ganzen Körper, wie du dich in diese positive Zukunft hineinfallen lässt.

12. Bedanke dich für diese Zukunft, als ob sie bereits eingetreten ist.

13. Fühle Dankbarkeit und stelle dir vor, dass diese Realität bereits existiert.

14. Erkenne, dass du die Macht hast, positive Emotionen in deinem Leben zu erzeugen.

15. Bedanke dich bei dir selbst, deinem Körper und deiner Seele für diese Erfahrung.

16. Kehre langsam und bewusst in den gegenwärtigen Moment zurück.

„Vergiss nie, dass alles
ein Ganzes ist.
Vergiss die Sprache
der Zeichen nicht.
Und vor allem vergiss nicht,
deinen persönlichen
Lebensweg zu Ende
zu gehen.“

(aus der Alchimist)

11. Rauhnacht

Loslassen, Abschied und Reflexion
über den Lebenssinn

03./04. Jänner

Loslassen • Abschied • Lebenssinn

Wir befinden uns bereits in der elften Rauhnacht, die für den Monat **November** steht. Dieser Monat symbolisiert mehr als jeder andere das Loslassen, den Abschied und die Anerkennung des Unvermeidlichen – des Todes. Diese Auseinandersetzung mit der Endlichkeit unseres Daseins kann ein mächtiger Impuls sein, unser Leben neu zu ordnen und Klarheit zu erhalten. Sie schärft unseren Blick für das Wesentliche, für das, was wir in der uns geschenkten Zeit auf diesem Planeten wirklich erreichen und erfahren möchten. Im Abschied selbst liegt der Samen der Erneuerung verborgen. Erst wenn wir uns ganz dem Loslassen hingeben, öffnen wir uns für neue Anfänge, für frisches Wachstum.

Nutze diese Nacht, um tief in das Geheimnis deines Lebenszwecks einzutauchen. In dieser besonderen Rauhnacht verbirgt sich die Chance, das Wesen deiner Bestimmung zu begreifen und sie voller Hoffnung und Zuversicht anzunehmen.

**Finde
Hoffnung und Zuversicht!**

Deine Reflexionen für die 11. Rauhnacht:

1

Welche Erfahrungen oder **Beziehungen** sollte ich hinter mir lassen, um mich weiterzuentwickeln?

2

Wie kann ich mich von Dingen, die mir nicht mehr nützlich sind, **lösen**?

3

In welchen Aspekten meines Lebens verspüre ich den stärksten Wunsch nach **Veränderung** und Erneuerung?

4

Was bedeutet es für mich, ein **erfülltes Leben** zu führen und wie kann ich diesem Ziel näherkommen?

5

Wie kann der Prozess des **Loslassens** mir helfen, mehr über meinen Lebenszweck zu erfahren?

6

Welche wichtigen Erkenntnisse habe ich aus den **Herausforderungen** und **Verlusten** des letzten Jahres gewonnen?

Raum für Notizen:

Rituale für die 11. Rauhnacht

1 13 Wünsche

Wenn du das Ritual vorbereitet hast, kannst du heute den **elften Wunsch** ziehen. Falls nicht, kannst du das 13-Wünsche-Ritual immer noch nachholen (siehe S. 28). Verbrenne den Zettel, ohne ihn noch einmal zu lesen, in einer feuerfesten Schale oder über einer Kerze und bedanke dich beim Universum für die Unterstützung und Liebe.

2 Licht und Schatten

Heute ist ein guter Zeitpunkt, um mit geliebten Menschen in Verbindung zu treten, die nicht mehr auf dieser Welt wandeln.

Zünde Kerzen für sie an und mache dich frei von allen deinen Gefühlen in Bezug auf den Tod. Erkenne an, welche Dinge du bereits losgelassen hast und welcher Neubeginn sich daraus ergeben hat.

Nimm dir Zeit dafür!

3 Meditation: Reise zum Lebensende und zurück

1. Finde einen ruhigen Ort, an dem du ungestört liegen oder sitzen kannst. Schließe die Augen und atme tief ein und aus, um dich zu entspannen und bei dir anzukommen.

2. Mit jedem Ausatmen lass bewusst das Gewicht deines Körpers los und vertraue dich der Unterlage an. Werde mit jedem Atemzug entspannter und offener.

3. Stelle dir vor, wie ein warmes, goldenes Licht langsam aufleuchtet und sich ausbreitet, dich sicher und geborgen fühlen lässt. Dieses Licht führt dich in deine Zukunft, zu den letzten Tagen deines physischen Lebens.

4. Erlebe bewusst, wie es sich anfühlt, auf deinem Sterbebett zu liegen, alt und schwach. Nimm wahr, dass dein Leben zu einem Ende kommt, und lasse alle Gefühle zu, die du in diesem Moment empfindest.

5. Denke an die Menschen, die dir wichtig waren, und erlaube dir, alle Gefühle zuzulassen. Beobachte, welche Erinnerungen und Gedanken auftauchen, was du bedauerst oder anders gemacht hättest.

6. Überlege, welche Nachricht oder welchen Rat du dir aus dieser Perspektive für dein gegenwärtiges Leben geben würdest. Was ist jetzt wichtig für dich?

7. Stelle dir vor, wie du deinen Körper loslässt und in ein helles Licht eintauchst. Spüre tiefe Dankbarkeit für dein Leben und die Menschen in deinem Leben.

8. Zähle langsam von 13 bis 1. Bei 1 öffne deine Augen und kehre zurück in die Gegenwart, erfrischt und mit neuer Perspektive auf das Leben.

„Das Licht leuchtet
in der Finsternis,
und die Finsternis
hat es nicht
ergriffen."

(Joh 1,5)

12. Rauhnacht

Erwachen und Öffnen
für Wunder

04./05. Jänner

Innehalten • Fazit ziehen

Die zwölfte Rauhnacht, die vom 4. auf den 5. Januar fällt, markiert einen besonderen Moment: das innere Erwachen und die Öffnung für Wunder, symbolisch für den Monat **Dezember**.

Dieser Monat, energetisch mit der zwölften Rauhnacht verbunden, ist der dunkelste des Jahres. Doch es ist auch die Zeit, in der das Licht neu geboren wird – beginnend mit der Wintersonnenwende, die einen neuen Lichzyklus markiert. Das Licht kommt auf die Welt, um für uns zu leuchten!

Der 5. Januar selbst gilt dabei als ein außergewöhnlicher Tag. Nutze ihn, um innezuhalten und den Erfahrungen der letzten Tage nachzuspüren. Nimm dir bewusst Zeit, um die Eindrücke der letzten Rauhnächte Revue passieren zu lassen.

Nimm dir bewusst Zeit und lasse Revue passieren.

Deine Reflexionen für die 12. Rauhnacht:

1

Welche Momente oder Erlebnisse der letzten Tage haben mir besonders viel **Freude** bereitet?

2

Gab es spezifische **Herausforderungen** oder **Belastungen** in den vergangenen Tagen und wie bin ich damit umgegangen?

3

In welchen Bereichen meines Lebens fühle ich mich **offen und bereit**, Geschenke und positive Veränderungen anzunehmen?

4

Welche **unerwarteten**, vielleicht sogar **magischen** oder **schicksalhaften Ereignisse** haben sich dieses Jahr in meinem Leben ereignet?

5

Wie kann ich mich im kommenden Jahr noch mehr für die kleinen und großen **Wunder** des Lebens öffnen?

6

Auf welche Weise kann ich die positiven Erfahrungen und Erkenntnisse der Rauhnächte in meinen **Alltag integrieren**?

Raum für Notizen:

Rituale für die 12. Rauhnacht

1 13 Wünsche

Wenn du das Ritual vorbereitet hast, kannst du heute den **zwölften Wunsch** ziehen. Falls nicht, kannst du das 13-Wünsche-Ritual immer noch nachholen (siehe S. 28). Verbrenne den Zettel, ohne ihn noch einmal zu lesen, in einer feuerfesten Schale oder über einer Kerze und bedanke dich beim Universum für die Unterstützung und Liebe.

2 Altar

Gestalte einen **besonderen Ort**, an dem du den letzten Wunschzettel, das Workbook und alle anderen Dinge aufbewahrst, die dich an den Zauber der Rauhnächte erinnern. Du kannst den Altar auch besonders dekorieren: mit Zweigen, Ästen, Steinen, Kerzen, usw.

Nimm dir Zeit dafür!

Dreikönigsnacht

Die Tore zur feinstofflichen Welt schließen sich um 24 Uhr wieder und diese besondere Periode ist vorbei.

05./06. Jänner

Helligkeit • Ruhe • Kraft • Licht

Wir befinden uns am letzten Tag der Rauhnächte.

Um 24 Uhr schließen sich die Tore zur feinstofflichen Welt wieder und diese besondere Periode ist vorbei.

Nimm dir heute Zeit, um in der Ruhe und Heiligkeit dieser letzten magischen Stunden dein inneres Licht zu empfangen. Spüre die Liebe in dir – zu dir selbst, zu deiner Familie, zu den Menschen in deiner Umgebung, zur Natur und zu deinem Leben. Sei dir dieser Liebe bewusst, denn sie wird dich das ganze Jahr über begleiten.

Denke über die vergangenen 12 Nächte nach und versuche, ihre Bedeutung zu erfassen. Zünde eine Kerze an, um dein Zimmer in ein warmes Licht zu tauchen. Lies in Ruhe deine Notizen durch und lass die Erlebnisse der Rauhnächte auf dich wirken. Diese bewusste Reflexion hilft dir, die Erfahrungen der Rauhnächte in dein Leben zu integrieren und das neue Jahr mit Kraft und Freude zu beginnen. Die Liebe und das Licht, die du in dieser Nacht aufnimmst, werden dich in den kommenden Tagen, Wochen und Monaten führen und dir Kraft schenken.

**Nimm Liebe und Licht auf,
das dir Kraft schenken wird.**

Deine Reflexionen für die Dreikönigsnacht:

1

Welche Aspekte meines Lebens benötigen noch mehr Zeit zur **Entwicklung** oder **Heilung**?

2

Welche wichtigen Erinnerungen aus dem vergangenen Jahr habe ich bereits **verarbeitet** und welche stehen noch aus?

3

In welchen Bereichen meines Lebens sollte ich mehr **Geduld üben** und wie kann ich dies umsetzen?

4

Welche **Erkenntnisse** aus dem vergangenen Jahr möchte ich ins neue Jahr mitnehmen?

5

Wie kann ich mich mental und emotional auf **neue Erfahrungen** und Herausforderungen im kommenden Jahr vorbereiten?

6

Gibt es **spezifische Ziele** oder Träume, für die ich im neuen Jahr den Grundstein legen möchte?

Raum für Notizen:

Rituale für die Dreikönigsnacht

1 13 Wünsche

Heute steht der **letzte Wunsch** an – Nummer **dreizehn**.
Keine Sorge, wenn du das Ritual nicht vorbereitet hast, kannst du es immer noch nachholen (siehe S. 28). Der letzte Wunsch ist ein besonderer, da du selbst dafür verantwortlich bist, ihn Wirklichkeit werden zu lassen. Gib ihm einen besonderen Platz auf deinem Altar, damit du dich in den nächsten Wochen und Monaten daran erinnerst.

2 Zeit für Reflexion

Gib dir einen Moment Zeit, um deine Notizen der Träume und die Antworten des Workbooks durchzugehen. Reflektiere die vergangenen Tage und nimm wahr, wie du dich jetzt fühlst.

Was ist es, das du am liebsten sofort in Angriff nehmen möchtest?
Stelle dir vor, wie du deinen Alltag im neuen Jahr gestalten willst.
Gibt es Dinge, die du anders machen möchtest?

Überlege, welche wertvollen Erkenntnisse du aus dieser Zeit mit in die Zukunft nehmen kannst.

Zum Abschluss: tief durchatmen!

Liebe Leserin, lieber Leser,

wir sind am Ende unserer gemeinsamen Reise durch die Rauhnächte angekommen. Jede Nacht hat uns auf eine einzigartige Weise berührt und uns ermöglicht, innezuhalten, stärker mit uns selbst in Verbindung zu kommen, zu reflektieren und zu wachsen. Wir haben uns mit den Tiefen unserer Seele auseinandergesetzt, haben gelernt loszulassen, zu danken, zu träumen, zu manifestieren und so dem Neuen den Weg geebnet.

Ich hoffe, dass diese Reise für dich ebenso bereichernd und erhellend war, wie sie es für mich jedes Jahr aufs Neue ist. Mögen die Einsichten und Erkenntnisse, die du in dieser magischen Zeit gewonnen hast, dich im kommenden Jahr begleiten und dir helfen, deinen Lebenspfad mit Klarheit, Mut und Freude zu gehen.

Denke daran, dass das Leben ein ständiger Prozess des Wandels und der Veränderung ist. Jeder Tag bietet dir die einmalige Chance, dich selbst neu zu entdecken und neue Eigenschaften zu entfalten. Die Rauhnächte sind ein besonderer Moment, der uns diesen ewigen Prozess der Veränderung vor Augen führt, aber die Reise geht weiter, jeden Tag, jede Woche, jeden Monat und jedes Jahr.

Ich wünsche dir ein **wundervolles, erfülltes** und **glückliches neues Jahr**. Mögen deine Träume und Visionen in Erfüllung gehen und vor allem dein inneres Licht hell erstrahlen!

Mit herzlichen Grüßen

Renata Stainer

1

Welche **Erkenntnisse** der Rauhnächte waren für dich am bedeutsamsten und warum?

2

In welchen Bereichen hast du die größte **persönliche Veränderung** oder Entwicklung wahrgenommen?

3

Wie planst du, die gewonnenen Einsichten in deinen **Alltag** zu integrieren? Gibt es Gewohnheiten oder Routinen, die du ändern möchtest?

4

Welche **Herausforderungen** siehst du auf deinem Weg und wie bereitest du dich darauf vor, sie zu meistern?

5

Wie sieht deine **Vision** für das kommende Jahr aus? Welche **Ziele** oder **Träume** möchtest du verwirklichen?

6

Für welche **Erfahrungen** oder **Personen** aus den vergangenen Tagen bist du besonders dankbar?

1. Auflage 2023

ISBN Paperback: 978-3-9505466-3-7

herausgegeben durch:
lerneck verlag
Andrea Pfleger
Dr.-M-Schlagergasse 111
8225 Pöllau

Text und Inhalt: Renata Stainer
Covergestaltung und Buchsatz: Andrea Pfleger

Printed in Poland
by Amazon Fulfillment
Poland Sp. z o.o., Wrocław

30359616R00077